Bibliografische Information der Deutschen Nationalbibliothek:

Die Deutsche Bibliothek verzeichnet diese Publikation in der Deutschen National-
bibliografie; detaillierte bibliografische Daten sind im Internet über http://dnb.d-
nb.de/ abrufbar.

Impressum:

Copyright © 2014 GRIN Verlag, Open Publishing GmbH
Druck und Bindung: Books on Demand GmbH, Norderstedt Germany
ISBN: 9783668232228

Dieses Buch bei GRIN:

http://www.grin.com/de/e-book/324055/zusammenfassung-zur-quellenkunde-
geschichtswissenschaft-zum-sprechen

Ella Lamper

Zusammenfassung zur "Quellenkunde". Geschichtswissenschaft zum Sprechen bringen

GRIN Verlag

GRIN - Your knowledge has value

Der GRIN Verlag publiziert seit 1998 wissenschaftliche Arbeiten von Studenten, Hochschullehrern und anderen Akademikern als eBook und gedrucktes Buch. Die Verlagswebsite www.grin.com ist die ideale Plattform zur Veröffentlichung von Hausarbeiten, Abschlussarbeiten, wissenschaftlichen Aufsätzen, Dissertationen und Fachbüchern.

Besuchen Sie uns im Internet:

http://www.grin.com/

http://www.facebook.com/grincom

http://www.twitter.com/grin_com

- Warum/Wofür Quellenkunde?
  - Um mit jeder Sorte Text/Quelle umgehen zu können
  - Fehler die durch irrtümlichen Umgang mit Quellen entstehen könnten vermeiden

- Beispiele für Quellen
  - Münzen
  - Karikaturen
  - …

- Ziele von Quellenkunde

1. Überblick über das Spektrum der Quellen und Quellengattungen geben- epochenübergreifend

2. Sensibilisierung für die Bedingungen der Entstehung, Überlieferung und Entschlüsselung von Quellen

3. Einführung in den (sinn)adäquaten Umgang mit Quellen (was ist bei der Interpretation zu berücksichtigen?)

- Grund-Satz der Geschichtswissenschaft
  - „man muss wissen was die Quelle will, erst dann kann man klären was man von ihr erwarten kann" (Kontextualisierung der Quelle in ihrer Zeit)
  - Aus dem Grundsatz ergibt sich Idee und Anspruch der Vorlesung: deutlich machen dass Quellen eine doppelte Kommunikationssituation wiederspiegeln: geben Auskunft über die Vergangenheit wie die Gegenwart
    - In Hinblick auf die Vergangenheit enthalten Quellen sinnhafte Äußerungen und reflektieren das Denk- und Sagbare der Zeit, geben ausschnitthaft Auskunft über die Kommunikationshandlungen in vergangenen Gesellschaften
    - in Hinblick auf die Gegenwart nutzen Historiker ihr verfügbares Wissen, um die sinnhafte Überlieferung des vergangenen zu befragen

    → *in diesem Sinn arbeiten Historiker Detektive, Übersetzer, Psychologen, Sozialwissenschaftler usw. um vergangenes soziales Handeln und Denken zu rekonstruieren*

- Bsp. Für Quellen
  - Schriftquellen: Urkunden
    - Quelle 1 (Urkunde) antwortet auf die Frage wie die Verlegung eines Klosters damit in Worte gefasst worden ist, Rechtsprache im 13. Jh., Begründung für die Verlegung eines Klosters

- Quelle 2 (Fahrkarte), warum ist sie eine Urkunde? Beweisurkunde: beweist dass ich bezahlt habe
- Quelle 2, Wofür ist die Fahrkarte eine Quelle? Wie die Menschen von A nach B kamen, was es kostete und welche Informationen (optisch) enthalten sein mussten
- Es gibt 2 Grundtypen von Urkunden (wichtig für das Funktionieren von Gesellschaften)
  1. Urkunden die Recht setzen: Gesetze
  2. Beweisurkunden

- Sachquellen: Gegenstände
  - Quelle 1 (Faustkeil)
  - Quelle 2 (Mikrowelle), Quelle dafür wie eine Gesellschaft funktioniert und wie sie das Verhalten der Gesellschaft verändert
- Bildquellen
  - Historiengemälde und Herrschaftsverherrlichung als 2 verschiedene Formen von Bildquellen
  - Karikatur
- Schriftquellen: Zeitungen
  - Quellen für öffentliche Diskurse
- Schriftquellen: Briefe
- Akten
  - Kritisch einzuordnen
  - Zeit von 1500-1800: „Aktenzeit", es werden viele Aktentypen produziert, Zeit der Bürokratie und der Institutionalisierung von Verwaltung, Entstehung einer eigenständigen politischen Wissenschaft
  - Wichtig sind Randbemerkungen von Akten an denen man Entstehungsprozesse von Quellen sieht
- Entscheidende Frage: auf welche Frage antwortet die Quelle?

- Vorlesung: Aufbau und Programm
  1. Systematische Gesichtspunkte zum Umgang mit Quellen
     - Definition, Erscheinungsform, Überlieferung
     - Warum kommt Geschichtswissenschaft mit einer Historik im 19. Jh. Auf? Und wie bringen wir Quellen zum Sprechen?
     - Die Epochen und ihre Quellen
  2. Gattungsspezifische Quellenbeispiele

- Inschriften (jede Zeit hat etwas dass sie in Stein meißelt), Münzen, Bilder, Zeitungen, Urkunden, Briefe, Akten, Gegenstände, Historiographie, Film und Ton

3. Abschlusssitzung
   - Summierende Erörterung der Frage „ Welche Probleme liegen in der Werkstatt des Historikers transepochal auf dem Tisch?"

1. Systematische Gesichtspunkte zum Umgang mit Quellen

1.1 Definition, Erscheinungsform und Überlieferung

➤ Quellen: Definition, Erscheinungsform& Überlieferung

- Definition
  - „Quellen sind alle Texte, Gegenstände oder Tatsachen, aus denen Kenntnis der Vergangenheit gewonnen werden kann"

    (Paul Kirn, Einführung in die Geschichtswissenschaft, 1947)
  - Alles kann eine Quelle sein (wenn Kenntnis aus der Vergangenheit daraus gewonnen werden kann), hängt davon ab welche Frage man an sie richtet

    → etwas wird zu einer Quelle indem ich es zu einer Quelle mache

    → alles aus der Vergangenheit hat seine Funktion in seiner Zeit
- Erscheinungsformen
  - Sache, Bild, Schrift, Ton/Film
- Überlieferung
  - Problem des Verlustes von der Entstehung bis zur möglichen Überlieferung
  - Verluste: man muss sich klar machen welche Verluste man unterwegs erlitten hat, was ist eigentlich überliefert?

    → Man hat immer nur kleine Teile von dem was die Zeit produziert hat
  - Archiv: Aufbewahrung von Schriftgut (von Behörden) und Bildern, zu unterscheiden von der Bibliothek (beherbergt nur Bücher)

    → bewahrt gezielt Urkunden auf um ein Beleg zu haben
  - Edition: wissenschaftliche Aufbereitung von Quellen (Schrift&Bild)-für Wissenschaftler, Text wird abgedruckt…kritisch kommentiert und es wird was über den Entstehungskontext gesagt

    → verlässliche Darbietung der historischen Quelle

    → eine Quellensammlung ist nicht so schön ediert aber praktischer im Alltag
  - Kanonbildung durch Edition: Vorstellung „das was ediert ist, ist das wichtige"

?

- Medienwechsel (Handschrift-Buch/Druck, Schreibmaschine- digitale Medien)
  - Spielt eine wichtige Rolle
  - Die Quellenüberlieferung verändert sich
  - Führt zum Anwachsen von Schriftquellen
  - Verbreitung
  - Problem der digitalen Medien: Daten/Quellen gehen verloren und können nicht mehr gelesen werden

➢ Termini, die für die Geschichtswissenschaft und Quellenkunde fundamental sind
- Quellenwert und Quellenkritik

  Quellenwert
  - Quellenwert: dasjenige was wir aus einer Quelle herauskriegen können, was kann uns eine Quelle sagen?
  - Quellenwert von z.b. Tagebuchaufzeichnungen: besteht in der großen subjektiven Ehrlichkeit und individuellen subjektiven Wahrnehmung

  Quellenkritik
  - Was ist quellenkritisch zu berücksichtigen wenn man z.b. ein Tagebuch als Quelle verwendet? Subjektivität

    →Bei allen Ergo-Dokumenten wo das subjektive Schreiben vorkommt ist die Subjektivität eine Chance und Gefahr

➢ Weitere Begriffe aus der Quellenkunde: Gegensätze
- Tradition- Überrest
  - Tradition: Quellenarten die ihre Hauptfunktion in der Zukunft haben, sie sollen etwas überliefern, Denkmal
  - Überrest: hat seine Bedeutung unmittelbar in der Gegenwart
  - Man kann bei keiner Quelle sagen es sei eindeutig Tradition oder Überrest

    → jede Tradition hat ein bisschen Überrestcharakter und jeder Überrest hat ein bisschen Traditionscharakter
  - Die Unterscheidung dient dazu zu reflektieren, ob die Quelle ihre Funktion in ihrer Zeit oder in der Zukunft hat (wurde sie produziert um etwas für die Gegenwart oder Zukunft zu sagen?)
- Primärquelle- Sekundärquelle
  - Primärquelle:
  - Sekundärquelle: wenn das Tagebuch z.B. von Cicero in einer mittelalterlichen Quelle inseriert wird

→ wenn nicht die ursprüngliche Überlieferung –wie sie gemacht worden ist-
benutzt wird, sondern die inserierte (überarbeitete), die man irgendwo
findet

- Es wird davon abgeraten mit dieser Unterscheidung zu arbeiten

→ besser: konsequent zwischen Quelle und (Forschungs-)Literatur zu
unterscheiden

- Äußere und innere Quellenkritik

  - Äußere Quellenkritik: Kritik an der äußeren Darbietungs-/Erscheinungsform
  der Quelle

  - Innere Quellenkritik:

- Gattungszwänge

  - Emails z.B. folgen bestimmten Anordnungen (Sehr geehrte usw.)

  → Gattungszwänge (Form, die eingehalten werden muss)

  - In der Vorlesung sollen Gattungszwänge (Gesetze) kennen gelernt werden

  → wie haben Menschen früher Urkunden formuliert?

1.2 Wie bringen wir Quellen zum Sprechen? In der Werkstatt der Historikerin

➢ Wodurch unterscheidet sich Geschichtswissenschaft von Geschichtsschreibung?

- Geschichtswissenschaft: Phänomen des 19. Jh.

  - Nachprüfbarkeit: Sachen sich nachprüfbar

  - Reflexion: Reflektiert über die eigenen Methoden

  - Systematisches Vorgehen

  - Empirische Studien statt Spekulation

  - Erkenntnisinteresse/Fragestellung statt Aufzählung von Daten, Zahlen,
  Fakten

  → eigenständige Disziplin mit anerkannten Methoden

  → Methoden kommen aus den Naturwissenschaften

- Geschichtsschreibung: gibt es so lange wie Menschen schreiben

➢ Exkurs: Leibnitz

- Chemiker, Theologe, Mathematiker, Philosoph

  → Universalgelehrter

- Um 1700 sind alle Universalgelehrte, weil es keine anerkannten eigenständigen Disziplinen nicht gibt

➤ Warum kommt Geschichtswissenschaft (mit einer Historik) im 19. Jh. Auf?

(Historik- die Wissenschaft von den Grundlagen unseres Faches)

- Stimmung

  (wichtige Voraussetzung dafür dass Geschichtswissenschaft entsteht)

  – Um das Ende Napoleons Herrschaft in Europa gibt es nationale Bewegungen in Europa: Befreiungskriege, nationale Aufstände gegen die Herrschaft Napoleons

  – Der nationale Gedanke kommt auf

  – Nationalgefühl und Patriotismus (1.)

  – Der romantische Nationalismus mit historischer Ausrichtung (2.)

  → viele Teile der Romantik haben eine historische Ausrichtung

  → Bsp.: Bilder von Caspar David Friedrich

  – Gegenbewegung zum Rationalismus der Aufklärung (3.)

  → Aufklärung hat auf Rationalismus gesetzt und wollte weniger die Gefühle des Menschen thematisieren

  → Gegenbewegung um 1800

- Die ersten Schritte, die unternommen werden damit die Geschichtswissenschaft entsteht

  – 1. Schritt: Nach dem Wiener Kongress (wir haben keinen deutschen Einheitsstaat bekommen) wird die „Gesellschaft für ältere deutsche Geschichtskunde" gegründet, 1819 von Freiherr von Stein

  – 2. Schritt: Editionsvorhaben MGH

  → Idee: alle älteren Geschichtsquellen sollen ediert werden

  – 3. Schritt: Motto mit dem historische Vereine gegründet werden: „Sanctus amor patriae dat animum"- „die heilige Vaterlandsliebe gibt den (rechten) Geist"

  → aus Vaterlandsliebe wendet man sich den historischen Quellen zu

- Die Entstehung des Fachs „Geschichtswissenschaft", was die Geschichtsschreibung tut indem sie zur Geschichtswissenschaft wird

  – Emanzipation von der Kirchengeschichte (gefördert durch: Aufklärung, Säkularisierung)

  → ältere Geschichtsschreibung ist meist Geschichtsschreibung der Kirche

  – Emanzipation von den Regierungen und Höfen

  → keine Geschichtsschreibung der Staaten und Herrscherdynastien mehr

  – Geschichte wird Universitätsfach (Humboldt- Universität 1810 gegründet)

→ eigenständiges Fach

→ von anderen Fächern unterscheidbare Disziplin

→ mit eigenen Methoden

→ mit eigenen, von den Interessen des Fachs geleiteten Fragen

- Folge des Prozesses: Professionalisierung

→ Geschichtswissenschaft als Beruf

→ Abgrenzung von nicht-professionellen Historikern

- Wichtige Exponenten

  - Johann Gustav Droysen (1808-1866) „Grundriss der Historik", 1857/58, 1882

    → seine Begründung für die Notwendigkeit einer Wissenschaft von der Geschichte:

    „Das Gegebene für die historische Forschung sind nicht die Vergangenheiten, denn diese sind vergangen, sondern das von ihnen in dem Jetzt und Hier noch Unvergangene, mögen es Erinnerungen von dem, was war und geschah, oder Überreste des Gewesenen und Geschehenen sein."

  - Leopold von Ranke (1795-1886) Geschichtsschreibung aus Quellen, praktiziert Quellenkritik und Methodenreflexion

---

| 14.04 | 2. Wie bringen wir Geschichtswissenschaft zum Sprechen? |

➢ Allgemeine Fragen

- Woher nehmen wir unser Wissen davon, unsere Gewissheit darüber „wie es früher war"?

- Woher wissen wir „wer Schuld war"?

- Woher wissen wir, ob wir richtig urteilen?

→ nur durch kritischen Umgang mit unseren Quellen

➢ Droysens Begründung für die Notwendigkeit einer Wissenschaft von der Geschichte:

„Das Gegebene für die historische Forschung sind nicht die Vergangenheiten, denn diese sind vergangen, sondern das von ihnen in dem Jetzt und Hier noch Unvergangene, mögen es Erinnerungen von dem, was war und geschah, oder Überreste des Gewesenen und Geschehenen sein."

- Für die historische Forschung ist nicht die Vergangenheit Gegenstand der Forschung

  - Meint: man erinnert sich nur an Vergangenes wenn man Gegenstände oder Schriftstücke hat die daran erinnern

    → wissenschaftlich macht man nichts anderes

- Überrest: Haben ihren Hauptzweck in seiner Vergangenheit
- Erinnerungen=Tradition: Hauptzweck in der Überlieferung

➢ Historik- die Wissenschaft von den Grundlagen unseres Faches

Wichtige Teilbereiche der Historik:

- Methodik
  - Die Lehre von den Methoden, von der Gesamtheit aller wissenschaftlichen „Hinwege" (=Gesamtheit davon wie wir uns einen Fach zuwenden)
- Quellenkunde
  - Die Lehre vom Umgang mit den Quellen
- Textkritik
  - Die Methode, mit der die Einflüsse herausgearbeitet werden, die auf die Entstehung und Überlieferung der Gestalt des Textes wirkten
- Heuristik
  - Analytisches Vorgehen, bei dem mit begrenztem Wissen Aussagen über einen Sachverhalt getroffen werden
- Hermeneutik
  - Historische Hermeneutik: Die Lehre von den Voraussetzungen und Methoden sachgerechter Interpretation
  - Klassische Hermeneutik (Theologie, Philosophie): die Lehre vom Auslegen und Verstehen eines Textes

➢ Luthers Thesenanschlag (Kritik an der bestehenden Kirche und am Papsttum) und die Geschichtswissenschaft oder : Warum wir die Quellenkunde zum richtigen Verständnis von vergangenem und gegenwärtigen Geschehen brauchen
  - Geschichte
    - 1517 Thesenanschlag in Wittenberg
    - Thesen sind an der Tür der Schlosskirche in Wittenberg in Bronze gegossen
    - 31. Oktober Reformationstag- Feiertag für die lutherische Kirche
  - 1961: Ein Buch löst Verwirrung aus! Erwin Iserloh: „Luthers Thesenanschlag. Tatsache oder Legende?"
    - „Luthers Thesenanschlag fand nicht statt"
    - Argumente
      - Luther spricht an keiner Stelle selbst davon dass er die Thesen angeschlagen hat, er spricht nur davon dass er sie versendet hat
      - Erst 1546 schreibt Melanchthon (Mitarbeiter Luthers) darüber
      - Melanchthon kam erst 1518 nach Wittenberg
  - Fragen der Geschichtswissenschaft
    1. Warum beschäftigt uns diese Frage?
    2. Gab es einen Thesenanschlag?

➢ Zu 1.: Warum beschäftigt uns diese Frage?
  - Thesenanschlag ist Gründungsmythos der lutherischen Kirche
    - Überzeugung der Protestanten des 19.Jh. verbunden mit der Absicht Luthers: Reformator als Gründer einer neuen Kirche
    - Feiertag: Reformationstag seit 1667, wichtig im Kulturkampf (19.Jh.)
      → Kulturkampf: zur Zeit der Gründung des 1. Kaiserreiches
      → Gründung eines Staates, Problem: sagt der Papst oder der weltliche Staat in Berlin den Katholiken wo es lang geht?

→ *historische Legitimation dessen, gäbe es ohne Thesenanschlag nicht*
- Ohne Thesenanschlag: Wandel des Lutherbildes (nachdem Protestanten von Iserloh überzeugt wurden)
    - Luther wollte keine Kirchen gründen, sondern Missstände ansprechen
    - Er agierte im Rahmen zeitgenössischer Diskussionskultur- Veröffentlichung strittiger Thesen
    → es war üblich die Öffentlichkeit durch das Aufhängen von Schriften zu erreichen
    - Sprache der Thesen: Latein- also: nicht für die allgemeine Öffentlichkeit! Gedacht
    → er wollte seine akademischen „Kollegen" erreichen
    - Andere Schriften Luthers finden größere Aufmerksamkeit
- Ohne Thesenanschlag: Veränderte Sicht auf die Zeitgenossen Luthers
    - Die Bischöfe hätten Zeit zur religiös-seelsorglichen Reaktion gehabt
    → d.h.: sie bekommen eine neue Verantwortung
    - Vielleicht wäre die Kirchenspaltung vermieden worden, so wie der 30 jährige Krieg oder der Kulturkampf...
- Ohne Thesenanschlag: Was wollen die Protestanten 2017 feiern?

➢ Zu 2.: Gab es einen Thesenanschlag?
- Die Quellen der 1540er Jahre
    - Luthers Schrift „Wider Hans Worst", 1541
    → er schreibt er hätte im Oktober 1517 Thesen an seinen Bischof versendet
    → er schrieb nicht vom Thesenanschlag
    - Melanchthons im Vorwort zu Luthers gesammelten Werken, 1546
    → er schreibt dass es sich um einen Thesenanschlag gehandelt hat

→ diese beiden Quellen hatte Iserloh zur Verfügung

    - Georg Rörers Notiz 1540 (2006 entdeckt): *„Am Vorabend des Allerheiligenfestes im Jahre des Herrn 1517 sind von Doktor Martin Luther Thesen über den Ablass an die Türen der Wittenberger Kirchen angeschlagen worden."*
    → Freund und Sekretär von Luther
    → Unterschied: es steht nicht drin dass Luther die Thesen angeschlagen hat
    → es gibt ein Datum: 31. Oktober
    → nicht alle Thesen, sondern Thesen über den Ablass
    → Plural: KirchEN

    → insgesamt entsteht der Eindruck dass es von einer Gruppe von Menschen an allen Kirchen stattgefunden hat
- Die Quellen von 1517
    - Ablass: wer zahlt soll nicht ins Fegefeuer (Seelenheil/Befreiung von Sünden wird versprochen)und auch bereits Tote könne so aus dem Fegefeuer befreit werden
    → zu dieser Zeit war sehr viel Sünde
    → deshalb schreibt Luther über den Ablass

→ Geld wird benötigt da es Pfarrer es sich geliehen hat und es nicht zurück zahlen konnte (?)
- Luther spricht nicht vom Anschlag, sondern von Versendung von 95 Thesen über den Ablass an die akademische Öffentlichkeit
- Wir haben keinen Wittenberger Druck von 1517

➢ Was hat die Geschichte von Luther mit der Historik zu tun?
- Methodik
  - Wir müssen die Fragen stellen: Welche Methoden brauchen wir um zu klären ob es einen Thesenanschlag gab? Seit wann war das wichtig? Warum müssen wir das wissen?
- Quellenkunde (& äußere/innere Quellenkritik)
  - Fragen, die wir im Zusammenhang mit der Quellenkunde stellen: Welche Sprache? Welche Verbreitung? Wie weit weg (zeitlich/räumlich) vom Ereignis, über das berichtet wird?
  → Thesen auf Latein d.h. nicht für die Öffentlichkeit
  → es gibt keinen Wittenberger Druck (der Thesen) von 1517
  → zeitlich& räumlich weit weg vom Ereignis (die Menschen, die darüber schreiben/berichten)
- Textkritik
  - Bsp.: unterschiedliche Fassungen, keine Ausfertigung nur Entwürfe
  - Hier: sind Thesen zeitüblich? Wie werden sie verbreitet?
  → Thesen und Verbreitung durch Anschlagen ist zeitüblich
- Heuristik
  - Bsp.: Schlussfolgerungen, Mutmaßungen, Plausibilitäten
  „…es spricht alles dafür, dass…"
  „…so ist zu vermuten, dass…"
  „…es gibt Hinweise darauf, dass…" usw.
- Hermeneutik
  - Probleme und Aufgaben: Was ist zu tun um den Text zu verstehen?

24.04.2014	3. Die Epochen und ihre Quellen

➢ Ziel: epochenübergreifende Gemeinsamkeiten und epochenspezifische Besonderheiten verstehen

➢ Die Gesamtheit der Quellenüberlieferung einer Epoche spiegelt
- Die gesellschaftlichen, wirtschaftlichen und kulturellen Verhältnisse
- Die Herrschafts- bzw. politische Ordnung
- Die Mentalität der Menschen
….wieder, aber nicht vollständig. Warum?
  - Was ist von „damals" erhalten? Bedingungen der Überlieferung der Quellen
  - Was ist „damals" aufgeschrieben/angefertigt worden? Bedingungen des Entstehens der Quelle

11

- Verstehen wir das Überlieferte richtig? Bedingungen unserer Interpretation

➢ Zur Erinnerung: Definition Quellen
„Quellen sind alle Texte, Gegenstände oder Tatsachen, aus denen Kenntnis der Vergangenheit gewonnen werden kann", d.h.:
- Jede Überlieferung, jedes Zeugnis, kann zur Quelle werden- je nach Fragestellung
- Quellen sind nicht dazu geschaffen worden, unsere Fragen zu beantworten
- Zur „Quelle" wird ein Zeugnis (erst) durch seine Funktion in der Geschichtswissenschaft
Deshalb....
→ neuen Fragen verlangen die Einbeziehung bislang wenig betrachteter Quellen(arten)
→ fragen wir nach Quellenwert (Erkenntniswert) und Quellenkritik
→ Ordnung von Quellen nach Gesichtspunkten nötig

➢ Zur Erinnerung: Mögliche Kategorien der Ordnung von Quellen
- Erscheinungsformen
  - Sache, Bild, Schrift, Ton/Film
- Erkenntniswert
  - Überrest, Tradition (Hauptzweck in der historischen Unterrichtung oder nicht)
- (Nähe zum Berichtsgegenstand/Ereignis)
  - Primärquelle, Sekundärquelle
- (Wissenschaftstheoretischer Gehalt)
  - Welcher Bereich? Kirchen-, Wirtschafts-, Sozial-, Kultur- etc. geschichte
- (Realitätsgehalt der Aussage)
  - Faktisch, fiktiv, normativ

➢ Man muss die ursprüngliche Bestimmung und Absicht der Quelle kennen
- Durch kontextualisieren (Hilfsmittel) und einordnen in die historische Situation und Quellengattung oder- art
- Dazu hat das Fach Quellenkunde W-Fragen entwickelt, die jede Quelle gestellt werden

➢ W- Fragen der Quellenkritik
- Wer hat die Quelle produziert?
- Was für eine Quellenart liegt vor?
- Wie ist die Quelle überliefert?
- Wo wurde sie verfasst?
- An wen richtet sie sich?
- Warum wurde sie verfasst?

➢ Die Epochen und ihre Quellen
- Antike: die Quellen der alten Geschichte (bis ca. 500 n.Chr.)
- Der abendländische Raum 500-1500: die Quellen des Mittelalters

12

- Frühe Expansion: frühneuzeitliche Quellen (1500-1800)
- Die moderne Welt: Quellen der Neuzeit und der Zeitgeschichte

➢ Quellenarten in der Antike
- Gegenständliche Quellen
  - Gebäude, Waffen, Schmuck, Münzen, Skulpturen, Geländeformen…
- Bildquellen
  - Münzen, Mosaiken, Landkarten
- Schriftquellen
  - Literarische Überlieferungen
    - Geschichtsschreibung
    - Biographien
    - Fachschriften
    - Briefe, Memoiren, Flugschriften
    - Dichtung
    - Reden
  - Private
    - Akten
    - Rechtskodifikationen
  - Öffentliche
    - Urkunden
    - Schriftträger: Tontafeln, Inschriften auf Stein, Papyri

➢ Quellenarten im Mittelalter
- Gegenständliche Quellen
  - Münzen, Siegel, Wappen, Gegenstände des täglichen Bedarfs, Kunstgegenstände, Skulpturen, Buchmalerei, Kartographie
- Bildquellen
  - Altarbilder, Buchmalerei, Karten
- Schriftquellen
  - Geschichtsschreibung
    - Annalen, Chroniken, Historien,
    - Biographien, Reiseberichte, Viten, Mirakel- und Translationsberichte
  - Rechtsquellen
    - Weltliche: Urkunden, Akten, Rechtsbücher, Volksrechte, Weistümer
    - Kirchliche: Canones und Dekretalen, Bußbücher, Inquisitionsakten
  - Ländliches und städtisches Verwaltungsschrifttum
    - Urbare
    - Bürgerbücher, Zunftakten, Universitätsmatrikel
  - Briefe
  - Theologische und wissenschaftliche Schriften
  - Inschriften
  - Dichtung

➢ Quellengattungen in der frühen Neuzeit

- Gegenständliche Quellen
  - Bauwerke, Siedlungen, Werkzeuge, Maschinen, Kunstwerke, Grabsteine
- Bildquellen
  - Porträts, Altarbilder, Landschaftsbilder, Karikaturen, Landkarten
- Schriftquellen
  - Geschäftsschriftgut
    - Urkunden und Akten (Über- bzw. Unterordnung, Gleichordnung, neutrales Geschäftsgut wie: Protokolle, Pässe, Steckbriefe)
  - Publizistische Texte
    - Flugschriften und Zeitungen
    - Predigten
  - Selbstzeugnisse („Ego- Dokumente")
    - Briefe
    - Memoiren
    - Tagebücher
    - Inschriften (Grabsteine)
    - Gerichtsakten

- ➢ Quellengattungen in der Moderne und Zeitgeschichte
  - Gegenständliche Quellen
    - Alltagsgegenstände, Maschinen, Kunstwerke...
  - Bildquellen
    - Fotos, Karikaturen, Landkarten
  - Schriftquellen
    - Geschäftsschriftgut
      - Urkunden und Akten
    - Publizistische Texte
      - Zeitungen, Zeitschriften, Online-Magazine
    - Selbstzeugnisse
      - Briefe, Memoiren, Tagebücher
      - Twitter, Facebook
    - Serielle Quellen
  - Ton- und Filmquellen
    - Wochenschauen, Reden
    - Spielfilme etc.
  - Zeitzeugen/ oral history

Heinen: Quellen der Neueren und Neuesten Geschichte

- ➢ Quellen als Zeugnis der Kommunikation in der modernen Gesellschaft, Bedingungen/Gegenstand
  - Vermehrung der Akteure: Weltbevölkerung 1800= 1 Milliarde, heute= 7 Milliarden
  - Es gibt eine Medialisierung der Kommunikation: immer mehr Menschen können sich an der medialen Kommunikation beteiligen

- Jeder kann sich beteiligen: viele Erzeugnisse
- Früher Latein, heute: verschiedene Sprachen und Dialekte
- Die ganze Welt ist Gegenstand, früher: wusste man z.b. nicht dass es China gibt
- Individualisierung und Trennung von privater und öffentlicher Sphäre führt zu Vielfalt der Kommunikationsformen
- Ausdifferenzierung der gesellschaftlichen Teilbereiche mit je eigenen Kommunikationsformen (Wirtschaft, Politik, Kultur, Gesellschaft)

→ Komplexität ist um ein vielfaches größer

- ➢ Konsequenzen für die Herangehensweise
  - Man geht anders mit Quellen um
    - In der alten Geschichte z.B. strebt man Vollständigkeit der Überlieferung an (man hat wenige Quellen)
    - In der neueren Geschichte ist das Ziel theoretische Sättigung, weil es viele Quellen gibt („das muss jetzt reichen")
    - Quelleneditionen in der Neuzeit sind grundsätzlich Auswahleditionen (anders als z.B. in der alten Geschichte)
  - Es gibt unterschiedliche Medientypen
    - Man unterscheidet zwischen Primär-, Sekundär-, Tertiär-, und Quartärmedien
    - Bei den Tertiärmedien braucht man auf beiden Seiten Geräte, Bsp. Schallplatte (man braucht Geräte um eine Schallplatte herzustellen und Geräte um sie abzuspielen)
    - Quartärmedien wie z.B. Computer (integriert verschiedene Medien)
    - → höhere Anforderungen die verschiedenen Medientypen zu verwenden
      - → höhere Komplexität in der neueren Geschichte
        - Spezifische Verfahrensweisen zur Auswertung statischer und nichtstatischer Quellen
  - Durch Herausbildung moderner demokratischer Gesellschaft und Ausdifferenzierung gibt es Bedeutungsverluste staatlicher Archive
    - → es gibt mehr Archive und damit Stränge der Überlieferung
    - → erzeugt Transaktionskosten
  - Metaquellen: zu den Quellen der Akteure treten in der Neueren Geschichte die zeitgenössischen wissenschaftlichen Untersuchungen (z.B. der Soziologie)
    - → mehr Grundwissen (z.B. der Soziologie) notwendig
  - Neuartige Quellentypen durch Alphabetisierung, Rationalisierung und Individualisierung
    - Z.B.: Tagebücher, Briefe, Autobiographien, Personalakten, Zeitungen, Gremienprotokolle, amtliche Statistiken
  - Möglichkeit der Erzeugung neuer Quellen durch Zeitzeugenbefragungen und oral history

- ➢ Quellenarten

- Viele Quellenarten, die es nur in der neueren Geschichte gibt bzw. für die NG typische Quellen:
  - Depeschen
  - Fernsehen
  - Filme
  - Fotographien
  - Karikaturen
  - Lexika
  - Oral History
  - Radiosendungen
  - Statistiken
  - Zeitungen
    → die neuere Geschichte erfordert die Arbeit mit einer Vielzahl neuer Quellentypen!

➢ Tendenzen der Kommunikation in der modernen Gesellschaft
  - Es kommt zu einer grundsätzlichen…
    - Vervielfachung
    - Verschriftlichung
    - Quantifizierung
    - Visualisierung
    - Hohe Bedeutung der Nationalsprachen und neuen Weltsprachen (Französisch, Englisch)

➢ Fazit
  - Der Umgang mit Quellen in der Neueren und Neusten Geschichte unterscheidet sich in mancher Hinsicht signifikant von der Herangehensweise in den anderen Epochen
    - Weit weniger erforderlich:
      - Heraldik
      - Paläographie
      - Genealogie
      - Diplomatik
      - Sphragistik
      - Numismatik… (usw.)
    - Dagegen erforderlich:
      - Kenntnis möglichst vieler moderner Sprachen
      - Umfassendes quellenkundliches Wissen (über Zeitungen, Karikaturen, Fotographien, Memoiren, behördliches Schriftgut…)
      - Grundsätzliches Fähigkeit (mit Hilfe des Computers) Texte, Bilder, Zahlen Tonmitschnitte auszuwerten und die Fähigkeit auszuwählen

(Aber die Trennung von privat-öffentlich beginnt im Laufe des 18. Jh.)

Quellen der Mittleren Geschichte- Mittelalter

> Quellen
  - Haben eine gewisse Distanz/man muss Distanzen überwinden
    - Schrift (kann man nicht lesen, kein Druck sondern Handschriften)
    - Sprache : Mittellatein (und andere Frühformen der heutigen Sprachen)
    - Kontexte (erschließen sich nicht automatisch)
    → nicht wie in der neueren Geschichte
    → bei der Quellenaufarbeitung und –erschließung muss man mit dieser Distanz rechnen
  - Man muss mit der Andersartigkeit rechnen:
    - Z.B. keine strikte Trennung von Religiösem und Weltlichen
    - Spezifische christliche Prägung kann in allen Quellenarten auftauchen
    - Aber ebenso „weltliches" in Quellen aus dem religiösen Bereich
    → andere Mentalitäten

> Quellenarten
  - Es gibt Quellenarten, die man auch in anderen Epochen findet, die aber im Mittelalter besonders ausgeprägt sind
  - Es gibt auch spezifische Quellen des Mittelalters
    - Z.B. Hagiographie
      - „heilige Geschichtsschreibung"
        → beschäftigt sich mit Taten/Geschichten der Heiligen
    - Z.B. praktisch- theologische (liturgische) Schriften und Offenbarungsliteratur (Predigten, Bußbücher)
      → geben Einblick ins Weltliche& das Alltagsleben
→ können in den anderen Epochen keine Rolle spielen, da christlich geprägt

> Quellen- Überlieferung
  - Wenig Quellen
    - Quellenarmut des FrühMA
    - Quellenreichtum und –vielfalt des SpätMA
  - Überlieferung ist unsicher
    - Überlieferungs-Chance und Überlieferungs-Zufall
      - Manche Quellen, die bis heute erhalten wurden verzerren systematisch unser Bild weil sie eine größere Chance hatten erhalten zu bleiben
      - Es kann trotzdem sein dass eine Quelle zufällig wegkommt
        → Urkunden z.B. haben eine größere Chance überliefert zu werden als andere Quellenarten, da anders damit umgegangen wird (Aufbewahrung...)
        → im kirchlichen Bereich gibt es einen Vorsprung der Schriftlichkeit (=mehr Quellen darüber und der Eindruck eines noch christlicheren MA als es war)
  - Schriftquellen mit wesentlicher Bedeutung

- Keine Druckverfahren o.ä. , alles Handarbeit, Buchherstellung aufwendig und teuer
  → durch Abschriften können Fehler entstehen
  → Frage ob man eine spätere Abschrift als Quelle benutzen kann
- Schriftlichkeit war lange auf Klerus beschränkt (aber Klerus stand mitten in der Welt)
  → erlauben vor allem Einblicke in einen relativ kleinen elitären Kreis

➢ Distanz überwinden: Quellen aufarbeiten
- Ein Historiker des MA muss grundsätzlich 2 Dinge mit Quellen tun (um Distanz zu überwinden) :
  1. Aufbereiten
     - man muss erkennen was der Urtext ist
     - Original/Abschrift?
     - Es ist Spezialwissen nötig
       ▪ Paläographie bei der Schrift
       ▪ Sprache: Mittellatein, Frühformen der Nationalsprachen
     → es gibt zahlreiche „Spezialwissenschaften" , sogenannte Hilfs- oder Grundwissenschaften
  2. „Aufschließen"
     - Man muss sich bewusst werden dass die Zeit anders dachte (andere Dinge wichtig)
     - Eigene Quellenarten oder, z.B. Hagiographie (= Heiligengeschichtsschreibung) oder spezifische mittelalterliche Ausprägungen von Quellenarten
       ▪ D.h. es ist zentral sich die besondere Ausprägung der Quellengattung zu erschließen
       → Quellenkunde zentral: Besonderheiten der Quellengattung erkennen
     - Quellenkritik: historische Kontexte der Quelle erschließen
       ▪ Welche Funktion sollte der Quelle zukommen, an wen richtete sie sich? Was wollte der Autor mitteilen, was war ihm wichtig? Was konnte er wissen, was nicht?
       ▪ Ggf. andere (fremde) Mentalitäten erkennen und verstehen
         → weiteres Spezialwissen nötig
     →Die Distanz ist nie ganz zu überwinden!

➢ Fazit
- Mittelalterliche Quellen sind oftmals nicht unmittelbar „zugänglich", sondern erst aufzubereiten und aufzuschließen
  - Diese Prozesse sind fallibel, d.h. sie können misslingen
- Um sie „aufzuschließen" sind stets ihr Zweck und die spezifisch mittelalterlichen Denkweisen und Vorstellungen zu berücksichtigen
  - Erfordert Spezialwissen und –fertigkeiten (Sprache, Hilfswissenschaften, Quellenkunde,…) sowie methodisches Bewusstsein

- Den Zeitgenossen waren ggf. andere Dinge wichtig als den heutigen Historikern!
  - Erkenntnismöglichkeiten durch die Überlieferung begrenzt und dadurch, wie gut die Aufbereitung und Erschließung gelingt

Freitag- Alte Geschichte

Warum soll man sich mit alter Geschichte beschäftigen?

- ➢ Quellen…
  - Alle von Männern geschrieben
  - Stark philosophisch angehaucht
  - Stammen aus der Oberschicht
  - Militärisch geprägt
  - Fokussiert sich auf Griechen
  - Es fehlen Quellen zur Sozialgeschichte d.h. Arbeitsverhältnissen, Statistiken usw.
  - „Unbehagen des Athistorikers"
    → kann man eine ganzheitliche Geschichte schreiben?
  - Breiter Quellenbegriff (alle literarischen Schriften, Inschriften, Grafiken…)
  - Abgeschlossenheit de Quellen
    → die meisten Quellen sind schon sehr lange bekannt und es kommen sehr selten Neufunde dazu
    → es gibt Neufunde im Bereich: Inschriften, Münzen
  - Alte Geschichte ist abhängig von der Archäologie, die neue Quellen bereit stellt (in Form von Neufunden)
  - Das Bild von einzelnen Epochen wird von einzelnen Werken bestimmt (z.B. Herodot, antiker Geschichtsschreiber)
    → die Kenntnis antiker Autoren ist von größter Bedeutung
  - Es gibt wenige Quellen zu bestimmten Bereichen, z.B. Wagenrennen (Sport)
  - Wichtige Sprachen: Latein, Griechisch

- ➢ Zusammenfassend von Frau Roll…
  - Historiker machen im Grunde das gleiche, sie haben nur unterschiedliche Quellen, die unterschiedlich behandelt werden wollen
    1. Die Quellen entziehen sich dem, was wir mit ihnen machen wollen, sie haben ihren eigenen Sinn und die ganze Methodik hat zum Ziel, dass sich die Quellen uns öffnen (= uns das erzählen, was wir wissen wollen)
       → dazu dient Methodik
    2. Das Neue und das Eigene: wenn man eine geschichtswissenschaftliche Arbeit macht/schreibt, dann macht man eine die es so noch nicht gibt, man schreibt nie einfach nur aus Büchern zusammen. Man macht immer eine eigene Analyse einer Quelle und geht anders mit ihr um
    3. Worin liegt der Nutzen, wenn man Kenntnis über das Fach hat? Man kann auch andere Kulturen unserer Gegenwart verstehen, weil man gewohnt ist mit anderem Denken umzugehen. Man verfügt über das Instrumentarium andere Kulturen aufzuschließen.

- ➢ Vorlesung Quellenkunden (Noch einmal): Sinn und Zweck?
  - Geschichtsbewusstsein ist Übersetzungsleistung
    - Wie übersetzt man die vorgefundenen Quellen in Texte für die Geschichtswissenschaft?
    - Was erfahren wir über die Kommunikation in verschiedenen Gesellschaften durch die Quellen, die aus diesen Gesellschaften überliefert sind?
    - Bsp.: Wann werden Inschriften verwendet? Jede Gesellschaft hat etwas, das in Stein gemeißelt wird!
  - Historiker dürfen sich bei der Arbeit mit Quellen nicht in die Irre führen lassen, müssen die Quellen richtig verstehen- was müssen sie dafür wissen und können?
    - Wissen, welche Schritte erforderlich sind, um Quellen für die Wissenschaft aufzubereiten
    - Wissen, welche Epoche welche Probleme hat
    - Wissen, mit welchen Verfahren man die Lücken füllen kann
    - Hier haben Quellenkunden, Stemmata, Epigraphik (und andere Nachbarwissenschaften) ihren Platz, ebenso historische Bildkunde und Numismatik (Münzkunde)
    - → das soll gelernt werden

Bilder

- ➢ Bilder als historische Quellen- eine neue Herausforderung
  - Traditionelle Textzentrierung der Geschichtswissenschaft- bis etwa 1980
    → es wurden keine Bilder als Quelle verwendet
  - „iconic turn" der 1990er Jahre
    → Wende: man beschäftigte sich mit Bildern
  - Bilder, Bildlichkeit und Visualität – interdisziplinäres Thema seit „cultural turn"
  - „Historische Bildkunde" (Rainer Wohlfeil, Heike Talkenberger)
  - „Bilder haben historischen Dokumentensinn" (Wohlfeil)
    → Worin besteht der Quellenwert von Bildern? Was haben sie uns zu sagen?
    → Worin bestehen quellenkritische Herausforderungen von Bildern als historischen Quellen?

- ➢ Vorgehen
  - Allgemeine Regeln: Wie geht die Geschichtswissenschaft mit Bildquellen um?
  - Beispiele
    - Sachsenspiegel (1220/1235)
      - Gesetzbuch
    - Kaiser Heinrichs Romfahrt (Trierer Bilderhandschrift 14. Jh.)
    - Exekias- Schale aus Griechenland, 6. Jh. V. Chr.
    - Fotos und ihre Gefahren, uns zu täuschen
      → gemeinsame Summierung

- ➢ Wie gehe ich mit Bildquellen um? (um eine Bildquelle für die historische Analyse zugänglich zu machen gibt es 5 Schritte...)
  1. Das Bild beschreiben
  2. Die Zeitgebundenheit der Darstellung und deren Verhältnis zur „Wirklichkeit" klären, ihre Symbolik entschlüsseln
  3. Die Darstellung(en) entschlüsseln
     - Wer ist abgebildet?
     - Ist es eine ideale Abbildung?
  4. Das Bild kontextualisieren
     - Darstellungsabsicht
     - Adressat/ Publikum
     - Wer malt es?
     - Wer sieht es? (Wo hängt es?)
     - Vor-Bilder? Bildtyp? (Gattungs-Zwänge)
  5. Das Bild deuten- die einzelnen Punkte zusammenführen

- ➢ Bsp. Für etwas das man interpretieren könnte:
  - Pacher- Altar (15.Jh.) in St. Wolfgang mit Bildern in den Flügeln von 1910
  - Thronbilder Karls des Kahlen in der Vivian- Bibel

- ➢ Bsp.: Sachsenspiegel
  - Wichtiges Gesetzbuch für das heilige römische Reich
  - Bildhandschrift dieses Gesetzbuchs aus dem frühen 14. Jh. (ca.1320)
  - Warum wird Gesetzestext mit Bildern versehen? Ca. 90% konnten nicht lesen
    - Bild
    1. Schritt: Beschreiben: Mann mit Korb und Beil an einem Baum
       - Bild ist uns fremd, weil es nicht aus der zentralen Perspektive dargestellt wird (gibt es erst seit dem 15.Jh.)
       - Text erklärt um was es sich handelt: Recht-Grundstück-Besitz → man muss sorgfältig beschreien, damit man nicht schon vorher festlegt was man sehen will

- ➢ Bsp.: Schwarz- weiß Foto
  - Mann im Anzug an einem Rednerpult mit vielen Menschen, im Hintergrund repräsentatives Gebäude
  - Stalin oder Trotzki?
  - Es gibt eine Fälschung von dem Bild aus der Zeit Stalins: eine Person(Trotzki) auf dem Bild fehlt, die eine mögliche Konkurrenz bei der Nachfolge Stalins war → auch bei Fotos gibt es Fälschungen

- ➢ Ergebnisse
  - Worin besteht der Quellenwert von Bildern? Was haben sie und zu sagen?
    - Kein Bild erschließt sich durch werkimmanente Interpretation
  - Worin bestehen quellenkritische Herausforderungen von von Bildern als historischen Quellen?

- Jede Epoche muss andere Verfahren anwenden, um die Lücken zu füllen

Münzen/Geld als historische Quelle   und Massenkommunikationsmittel

- ➢ Münzen als historische Quellen
  - Bilder sind auf Münzen/Geld
  - Unterschied Münzen und Geld?
    - Materialwert
    - Geld ist der Überbegriff
  - Unterscheidung zwischen Streufung und Hortfund (Schatz)
    - Hortfund: Viele Münzen, absichtlich
    - Streufung: unabsichtlich, einzelne

- ➢ Voraussetzungen um mit Münzen historisch zu arbeiten
  - Beschreibung
  - Bestimmung
  - Datierung
  - Münzeinheit innerhalb eines Münzsystems (=Wert)
  - Verbreitung

- ➢ Quellenwert
  - Großer Quellenwert
    - Vermitteln politische Botschaften
    - Vermitteln das Aussehen von Bauwerken
    - Zeigen die Selbstdarstellung des Prägeherren
      - Stadt& Adel können Münzen prägen, heute der Staat
    - Funktion: Erstes Massenkommunikationsmittel der Geschichte!

- ➢ Bsp.: Münzen
  - Einige Münzen mit Gebrauchsspuren
  - Medaille: kein Geld
  - Gedenkmedaille um z.B. zu erinnern dass die Kurfürsten den Kaiser wählten (wurden gegenseitig verschenkt, Herrschaftsrepräsentation)
  - Rubel- Schein und Münzen
    - Vorderseite des Rubel-Schein stellt dar: Jaroslav der Weise, in der ersten Hälfte des 11. Jh. Großfürst von Kiev und Gründer der Stadt Jaroslavl
    - Anspruch auf historische Kontinuität wird visualisiert
  - Ukrainischer Schein: zwei Grivna
    - Zeigt auch Jaroslav den Weisen
  - Russische Rubel
    - Mit russischen Doppeladler mit Blick in den Westen und Osten (=imperialer Anspruch auf Weltherrschaft)
    - Mit Georg der den Drachen tötet, identisch mit den Siegeln des Großfürsten von Moskau seit dem 16. Jh.

- Münze „Sebastian von Rotenhan 1478-1532, Ritter und Doctor"
  - Erinnert an antike Darstellung von Personen
  - In der Renaissance hat man sich auf antike Vorbilder besonnen
  - Ritter wird zu der Zeit nicht mehr mit Pferd, Burg& Lanze verbunden sondern ist ein Adel
  - Der Adel erlebt um 1500 eine Krise („Ritterkrise")
  - Sebastian von Rotenhan erkennt als einer der ersten die Karrierechancen, die ein Studium bietet und promoviert, ist darauf so stolz dass er sich Ritter und Doctor nennt und lässt eine Medaille anfertigen
- Silberdenar Karls des Großen aus der Zeit nach der Münzreform, von 794
  - Lorbeerkranz und römischer Tempel im Hintergrund

> Zusammenfassung
- Es gibt: Münzen, Medaillen, Geld
- Man unterschiedet Hortfund (Schatz)- absichtlich und Streufund – unabsichtlich
- Der Quellenwert ist durch die Vermittlung politischer Botschaften, Vermittlung des Aussehens von Bauchwerken und Selbstdarstellung des Prägeherrn, sehr hoch
  - Z.B. Ukraine: Verbundenheit mit Russland
- Erstes Massenkommunikationsmittel!

-Gruppen /Münzen anschauen-

> Erkenntnisse/Fragen
- Warum sind größere Geldbeträge immer in Schein-Form?
  - Leichter bei größeren Geldbeträgen
  - Man kann ab einer gewissen Summe, die Beträge nicht mehr in Materialwert abbilden
  - Wenn die Gesellschaft vom Tauschhandel zum Geldhandel übergeht, ist das ein Modernisierungsprozess: man hat eine Währung in der man rechnet, d.h. man kann den Wert von etwas objektiv bestimmen
  - Nächster Modernisierungsschub: wenn man vom Materialwert zum Nominalwert (es steht 500DM drauf, aber das Papier hat keinen Wert von 500 DM) kommt
    → der Prägeherr (=Staat) muss in einer solchen Position sein dass er gegenüber jedem den Anspruch durchsetzen kann den Geldwert festzulegen
    → Voraussetzung: Vertrauen in den Staat
    → Papiergeld ist ein Zahlungsversprechen
- Es wird versucht auf die Geldscheine, Gebäude oder andere Identifikationsgegenstände zu platzieren
  - Das war auch in der Antike so

15.05	5.Vorlesung

Spaziergang...

➢ „Wege gegen das Vergessen" (VHS Aachen)
- Spezielle Aachener Angelegenheit
- Viele Anträge usw. für ein Denkmal für verfolgte Juden, Politiker… errichten
  → Aufgabe aus vielen Anträgen ein Konzept zu entwickeln wurden an die VHS
  gegeben, weil sie sich seit den 80er Jahren mit der NS Geschichte in Aachen
  beschäftigen
- Es sollte kein zentrales Mal geben, sondern einen „Denkmalweg" wo an einzelnen
  Orten bestimmte Ereignisse erinnert werden sollen
- Das spezielle am Projekt: Bürger sollten unter Anleitung von Fachleuten Orte des
  Gedenkens identifizieren und Inschriften dafür suchen
- Im Vordergrund standen Opfer der NS Zeit, aber es sollte auch an die Strukturen
  erinnern die zur NS geführt haben
- Fing 1969 an
- Alle Bürger konnten sich beteiligen
- Es wurden 40 Orte auserwählt
- Es wurden Gedenktafeln aufgehängt

➢ Stolpersteine
- Anderes Projekt
- Leitspruch „ein Mensch ist erst vergessen, wenn sein Name vergessen ist"
- Idee von Kölner Künstler
- Vor dem letzten frei gewählten Wohnort eines Verfolgten des NS Regimes sollte ein
  Stein gelegt werden
- Die ersten Stolpersteine sind 2008 gelegt worden
- Auf den Stolpersteinen steht: Hier lebte XY wurde am XX verhaftet und am YY im
  Lager YX umgekommen
- Stolpersteine waren in Aachen nicht umstritten, an anderen Orten schon
- Ca. 20.000 Stolpersteine in Europa, mit dem Schwerpunkt in Aachen
- Stein legen als ein offizieller Akt
- Personen übernehmen eine „Patenschaft" für den Stein
- Es gibt auch einen Anne Frank Stolperstein in Aachen

Zeitschriften und Tageszeitungen (Medien der aktuellen Information und
öffentlichen Meinungsbildung) als Quelle
➢ Zeitungen
- Kurze „Halbarkeitsdauer" für den Gebrauch von Zeitgenossen
- Heute gibt es viele Medien die sich Zeitung nennen und zeitungsähnlich sind
- Im alltäglichen Gebrauch konnotiert man mit „Zeitung" eine Tageszeitung im
  Papierformat, deren Inhalt von Nachrichten definiert wird
- Heute gibt es auch eine Internetpräsenz von Zeitungen
- Es gibt bestimmte gemeinsame Merkmale von Zeitungen , bestimmte Vor- und
  Vorurteile sowie eine enorme Vielfalt

- Zeitungen als Quelle müssen weiter gefasst werden als das klassische Verständnis von Zeitungen (Zeitung im Papierformat)

➢ Was macht das Medium Zeitung und zeitungsähnliche Quellen in der Geschichte aus?
- Aktualität
- Sind publikumsorientiert
  - werden veröffentlicht um von einen großen Publikum gelesen zu werden
  - sind nicht für einen bestimmten Kreis gedacht sondern für die Öffentlichkeit
  → man sieht für welche Ereignisse die Menschen sich interessiert haben und von welchen sie gewusst haben
- bewirken Meinungsbildung
  - haben im Kern Nachrichten, nehmen aber auch eine Einordnung vor
  - eine argumentative Wertung wird in die Nachrichten hineingelegt
- Quellenwert: aus Zeitungen kann man Ereignisgeschichten erarbeiten
- Publikumsorientierung und Aktualität haben zu Folge dass Zeitungen sehr voraussetzungsreich sind
  - Man muss sich als Historiker viele Informationen erarbeiten um frühere Zeitungen zu verstehen
  - Es liegt an der Aktualität und Publikumsorientierung weil z.B. auf Ereignisse Bezug genommen wird, die als bekannt vorausgesetzt werden und schon in politische und gesellschaftliche Zusammenhänge eingebettet waren
  → dieses wird nicht explizit erklärt
  → Autoren sind davon ausgegangen dass der Leser die Zeitung regelmäßig liest und somit die Nachrichten verfolgen
- Marktorientierung& Öffentlichkeit: Man möchte mit diesen Medien die Öffentlichkeit beeinflussen und man richtet sich auch an die Öffentlichkeit, weil man diese als Markt (wirtschaftlich) sieht

➢ Bsp. Prominente Flugschrift: 2. Bauernflugschrift von Martin Luther
- 1525 geschrieben um Position zu beziehen zum Bauernkrieg
- Bauernkrieg: lehnen sich gegen ihre politischen Herrscher und fordern bestimmte wirtschaftliche Rechte und rechtfertigen dieses mit religiösen Neuerungen (es wurde von der „christlichen Freiheit" geredet)
- Luther hat zunächst Sympathie für die Bauern gezeigt und die adligen Herren dazu aufgefordert tätig zu werden und die Forderungen ernst zu nehmen
- Der Aufstand der Bauern hat an Gewalt zugenommen und Luther veröffentlichte eine zweite Flugschrift und rief die Herren dazu an den Bauern zu helfen, sie sollten sie stechen und schlagen (=sie gewaltsam nieder zu schlagen)
  → Vorschlag wurde umgesetzt

- In der Flugschrift gibt es eine Einleitung: konkreter Fall wo Bauer gewalttätig waren
- Argumentation: nimmt auf den Fall Bezug

➢ Zeitungsähnliche Quellen
- Flugschrift

25

- Sollte nicht mit Flugblättern verwechselt werden
  - Flugblätter: einzelne Blätter, haben nicht immer einen Aktualitätsbezug
  - Flugschrift: bis zu 60 Seiten, zur Flugschrift wurde es weil es als lose Blattsammlung verlauft wurde, haben die Merkmale einer Zeitung
- Meßrelation
  - Gab es im 16. Jh.
  - Erscheint regelmäßig (wie Tages- u. Wochenzeitung)
  - Gedichte anlässlich von Buchmessen
  - Vorläufer der Tages- und Wochenzeitung
  - Hatten eine thematische Konstanz und Aufteilung (wie Tages- u. Wochenzeitung)
- Neue Zeitungen
  - Unterordnung(Kategorie?) der Flugschriften
  - „kurze" Flugschriften mit interessanten Nachrichten
- Tages- und Wochenzeitung
  - Stehen am Ende der Entwicklung
  - Zusätzliche Eigentümlichkeiten zu den Markmalen der Zeitungen:
    - Erscheinen periodisch
    - Institutioneller Hintergrund
    - Inhaltliche Konstanz (berichtet täglich z.b. über Politik)

05.06	7. Urkunden und Briefe

➢ Urkunden
- Die Anrufung Gottes als ein Legitimationsmerkmal mittelalterlichen Urkunden

- Def. Urkunde: (von althochdeutsch urchundi „Erkenntnis") ist eine Gedankenerklärung, die einen bestimmten Tatbestand bzw. Sachverhalt fixiert und zumeist auch ihren Austeller erkennen lässt
- Eine Urkunde enthält:
  - Anrede
  - Text
  - Schluss-/Grußformel
  - Ort und Datum
  - Absender
  - Beglaubigungsmittel
- Was ist der Unterschied zum Brief?
  - Ist auch hochgradig formalisiert (wie auch die Urkunde)
  - Der Unterschied ist der Rechtsinhalt (den die Urkunde hat)
    → deswegen brauchen wir in der Urkunde diese Formalia, da jeder der die Urkunde anzweifelt die Gültigkeit des Rechtsgeschäfts anzweifelt
      → die Formeln dienen der Rechtssicherheit
- Einteilung der Urkunde in verschiedenen Urkundenteile, Haupteinteilungsmöglichkeiten:

- Protokoll
  - Eingangsformeln (Aussteller, Legitimationsformeln, Empfänger)
  - Narratio (Erzählung über das Zustandekommen der Urkunde)
- Kontext
  - Der sachliche Inhalt (dispositio)
- Eschatokoll
  - Sanctio (was passiert beim Zuwiderhandeln)
  - Schlussformeln (Ort, Datum, Beglaubigungsmittel)
    → jede Epoche bemüht sich ihren Rechtsgeschäften höchstmögliche Gültigkeit /Unbezweifelbarkeit zu vermitteln!
- Es gibt zwei große Gruppen von Urkunden:
1. Rechtsetzende Urkunden
   - Man hat das Recht XY zu tun
2. Beweisurkunden
   - Beweis/Bestätigung dass man etwas vollbracht hat

➤ Briefe
- Lat. Brevis(kurzes)- also nicht: epistola (langes)
- Auf Papier festgehaltene Nachricht, persönliche Botschaft, wird persönlich überbracht (zugestellt)
- Enthält: Anrede, Text, Schluss-/Grußformel, Ort und Datum, Absender
- Briefe gibt es, seit Menschen schreiben können
- Der zeitgenössische Wert von Briefen hängt von der Möglichkeit ihrer Zustellung (Transport, Verkehrsmittel, Sicherheit der Wege…) ab
- Wikipedia „Brief":
  Aus Sicht der Geschichtswissenschaft ist nur der Privatbrief ein „Brief". Ist der Verfasser bzw. der Empfänger eine Amtsperson oder eine Institution, dann gehört das Schriftstück zu den Urkunden oder Akten.
  → ein Brief ist wie eine Urkunde formalisiert, enthält aber kein Rechtsgeschäft sondern eine beliebige Mitteilung

➤ Verschiedene Formen von Briefen
- Gelehrtenbrief
  - Gelehrtenkorrespondenz als Gattung in der frühen Neuzeit
- Liebesbrief
- Bittbrief
- Offener Brief (publizistische Quelle!)
- Für die Publikation vorgesehener Brief
- Feldpostbrief
  - Briefe aus dem Krieg, vom „Feld"
- Fehdebrief

- Meisterbrief (Urkunde!-Beweisurkunde)

➤ Schematische Darstellung der Fortbewegung (Transport) von Briefen

- Der Wert von Briefen für die Zeitgenossen und für uns als Historiker steigt je weiter wir in die Neuzeit kommen

➢ Fazit
- Urkunden
  - Formalisiert, das Erkennen der Form ist eine Voraussetzung für die Interpretation
  - Rechtsgeschäft (Aussteller, Empfänger, Datum)
  - Unterscheidung: Recht setzenden Urkunde und Beweisurkunde
  - Ältere Epochen: Wichtige Quelle für die politische, Rechts-, Sozial- und Wirtschaftsgeschichte (zahlreiche Recht setzende Urkunden)
  - Zeitgeschichte: Urkunden v.a. als private Beweisurkunden wichtig (Abizeugnis usw.), Bedeutung als Quelle eher gering
  - Wissenschaft der Urkundenlehre: Diplomatik
- Briefe
  - Für alle Epochen wichtige Quelle, unterschiedlich überliefert
  - Funktion von Briefen in den verschiedenen Epochen unterschiedlich
  - Seit Beginn des 20. Jh. Massenquelle

26.06	8. Akten und Gegenstände

➢ Wiederholung: Urkunden und Briefe
- Zwei große Gruppen von Urkunden
  - Rechtsetzende Urkunden
  - Beweisurkunden
- Merkmale der Urkunde
  .....

  Akten

➢ Akten
- Ab dem Moment wo die Menschen anfangen Akten zu produzieren, gibt es sie in einer großen Menge
- In Akten befinden sich überwiegend Briefe (Quellengattung)
- Konzepte= unvollendete Briefe (Briefe ohne Formalia)
  - Können in den Akten liegen
  - Sind interessant für Historiker weil sie ohne „Zensur" sind, man sieht wie der Brief entstanden ist und welche Gedanken hinzugekommen sind
    → das macht Akten spannend: man kann Geschäftsgang/Entstehungsprozess nachvollziehen

➢ Akten
- Wo brauchen wir heute im Alltag Akten?
  - Art: Krankheitsakte, bei Ämtern, in den Akten findet man auch Atteste (Urkunden) z.B. im Prüfungsamt
    → Man findet in Akten überwiegend Briefe und Urkunden

- Wann brauchen wir Akten in der Geschichtswissenschaft?
  - Um Entscheidungsprozesse nachzuvollziehen

- ➢ Merkmale von Akten
  - Akte (Dossier, file) von „acta", das Geschehene eigentl. „die Geschehnisse"
    - Das Wort Akte kann ein einzelnes Schriftstück bezeichnen
    - Kann aber auch eine Sammlung von Schriftstücken meinen, die geordnet aufbewahrt werden
  - Substantielle: Aufbewahrung, Archivierung
    - In dem Moment wo die Menschheit anfängt Akten zu produzieren (im späten 15. Jh.) bewahrt sie sie auf und archiviert sie
      → die Entstehung von Archiven gehört in den Zusammenhang von Aktenentstehung
      - Warum? Akten haben ihren Platz im Geschäftsgang d.h. es gibt sie nur wenn und wo es einen Geschäftsgang gibt (Verwaltung, Regierung)
        → Akten gehören zur Bürokratie
    - Der Beginn systematischer Archivierung: an der Kurie (Papst) seit 1200, überall seit 1500 wenn die Herrscher Residenzen haben
      - Warum beginnt das an der Kurie so früh? Der Papst hat einen festen Wohnsitz und es ist ein organisierter Apparat in dem bestimmte Personen Fälle bearbeiten
  - Die Hoch-Zeit der Akten als historische Quelle ist die Frühe Neuzeit
    - Die frühe Neuzeit bildet in der Zeit zwischen 15. Und 18.Hundert eine große Anzahl unterschiedlicher Aktenformen aus (Instruktion, Weisung, Berichts, Kabinettsorder) weil sie in der Staatsbildung voranschreibt, die Bürokratie benötigt
    - Die Bürokratie bzw. Bürokratie funktioniert nicht wenn es keine Hierarchiestufen gibt (Unterordnung, Überordnung, Gleichordnung)
      → der Stil von Akten spiegelt Ordnungen und Strukturen der jeweiligen Gesellschaft wieder
      → These Roll: „Eine Akte wird dadurch zu einer Akte, dass sie mit weiteren Akten eine Akte bildet" (Schriftstücke werden zu einer Akte weil sie mit anderen Schriftstücken zusammenliegen)

Gegenstände als historische Quelle

- ➢ Gegenstände
  - Was machen wir mit der Quelle?
    - Zeitlich Einordnen
    - Zweck bestimmten
  - Worauf/ auf welche Frage antwortet die Quelle?
    - Man kann auf Gesellschaftsformationen schließen

- ➢ Beispiele

1. Pionierakt(Dolabra)- Antike
   - Wurde 2010 im Harzhorn mit Münzen gefunden
   - In Abbildungen (auf der Trajanssäule) wird die Verwendung deutlich
     - Wird um Bäume zu fällen/ entkernen benutzt
   - Enthält Buchstaben/Schrift die durch Epigrafik entschlüsselt wird
   - Erkenntnis: die Römer haben sich nach der Varus- Schlacht nicht völlig aus Germanien zurückgezogen
2. Gabel- Mittelalter
   - Was unterscheidet die Gabel von unserer Gabel?
     - Hat nur 2 Zinken, Zinken sind länger
   - Wie findet man heraus wie man die Gabel benutzt hat usw.?
     - Durch Bilder von einem Mahl, von einem Schrank: Gabel als Deko d.h. kein Alltagsgerät
     - Durch Schriftliches: Brief über die Gräfin der berichtet wie die Gabel benutzt wurde und wie die Einstellung zur Gabel ist (Gabel als Form von Dekadenz)
   - Was erfahren wir über den Gebrauch von Gabel im Mittelalter?
     - Geringe Verbreitung, wohl wegen der schwierigen Herstellung
     - Elitäres Gut
     - Interpretation: Gebrauch gehört in den „Prozess der Zivilisation" (Norbert Elias): Verfeinerung der Sitten und anderes Peinlichkeitsgefühl
3. Kofferplattenspieler/Phonoschrank- Neuzeit
   - Botschaft der Dingwelt: „Sie verkörpern nicht nur den technischen Fortschritt, sondern dienen als Zeugen, die eine Geschichte ihrer Zeit erzählen. Die technischen Gebrauchsgeräte eröffnen einen neuen, erweiterten Blick auf die „dynamischen Zeiten" der sog. „langen 60er Jahre" (1957-1973)
   - Seit 1950er Jahre: private Häuslichkeit und massenmedialer Konsum
   - Ist ein Prunkstück deutscher Wohlstandhäuslichkeit
     - Versteckt die technischen Innereien
     - Inszenierung als Möbelstück
     - Gestalterischer Rückgriff auf die Wohnküchenschränke der 1930/40er Jahre

.....dann Stereoanlage

.....dann portable Geräte

→ Pluralisierung von Konsummustern

→ Individualisierung persönlicher Lebenswelten

➢ Gegenstände
   - Gegenstände/Sachquellen können das Fehlen schriftlicher Überlieferung kompensieren
   - Gegenstände/Objekte/Sachquellen sagen etwas über die Gesellschaft aus
   - Wie können wir sicherstellen dass uns die Quelle nicht auf den falschen Weg führt?
     - Bilder oder Texte (vor allem bei älteren Epochen) können uns verraten wofür sie benutzt wurden

- Bilder und Texte können unser Wissen gegenseitig ergänzen
- Objekte als „storytelling objects"
  - Objektgeschichte (es wird eine Geschichte um das Objekt erzählt)
  - Museen sind da wichtig

→Thema heute also: Botschaften der Dingwelt

03.07   9.

- ➤ Zur Erinnerung
  - Die Gesamtheit der Quellenüberlieferung einer Epoche spiegelt...
    - Die gesellschaftlichen, wirtschaftlichen und kulturellen Verhältnisse
    - Die Herrschafts- bzw. politische Ordnung
    - Die Mentalität der Menschen
    - ....ABER nicht vollständig wieder
  - Warum nicht vollständig? /Unsicherheitspunkte:
    - Was ist von „damals" erhalten? Bedingungen der Überlieferung von Quellen
    - Was ist „damals" aufgeschrieben/angefertigt worden? Bedingungen des Entstehens der Quellen
    - → „Filter", zu einer bestimmten Zeit schrieben z.B. nur Geistliche
    - Verstehen wir das Überlieferte eigentlich richtig? Bedingungen unserer Interpretation
      - ▪ Was für eine Textgattung? Verbreitung der Quellengattung? Wir können uns nicht „frei" machen von unserer Gegenwart...

- ➤ Letztes Mal
  - Gabel
    - War früher (technisch) schwer herzustellen
    - Deswegen können es sich nur Reiche leisten und verzieren es
    - Geringe Verbreitung
    - Der zunehmende Gebrauch von Gabeln kann als Prozess der Zivilisation verbucht werden (Norbert Elias verweist auf die Verfeinerung der Sitten)
  - Wie erforscht man Objektgeschichte?
    - Objekte müssen umfassend kontextualisiert werden, nicht bloß: Hersteller-Nutzer und technische Entwicklung
    - „das Konzept des Dispositivs vermag/befähigt uns das Zusammenspiel von Apparat, Nutzer und Programm zu erfassen"
      - ▪ Organisiert die „Choreographie der Nutzung"
    - „Choreographie der Nutzung"
      - ▪ Wo steht es im Raum?
      - ▪ Kein TV stand früher am Bett, weil es nur einen im Haus (meistens Wohnzimmer) gab und dieser als Möbelstück verkleidet war
      - ▪ Durch die technische Entwicklung TV als neuer Familienmittelpunkt

→Sozial-und Kulturgeschichte „am Objekt": durch die Kontextualisierung von Objekten kann man vergangene Welten besser verstehen

- Wurde am ersten Volltransistorradio und Kofferplattenspieler gezeigt: bewirken Pluralisierung von Konsummustern und eine Individualisierung persönlicher Lebenswelten

➢ Historiographie
  – Def.: „(zumeist) schriftliche Vermittlung historischen Geschehens"
  – Gibt es seitdem Menschen aufzeichnen
  – Väter der Geschichtsschreibung: Herodot, Thukydides
  – Wodurch unterscheidet sich Geschichtswissenschaft von Geschichtsschreibung? (Zur Erinnerung)
    • Geschichtswissenschaft unterscheidet sich durch...
      ▪ Nachprüfbarkeit
      ▪ Systematisches Vorgehen und Reflektion über die eigene Herangehensweise
      ▪ Empirische Studien statt Spekulationen
      ▪ Klare Erkenntnisinteresse/ Fragestellung statt Aufzählung von Daten, Fakten, Zahlen
    → Geschichtsschreibung: bloße Vermittlung historischen Geschehens
    → Geschichtswissenschaft: Vermittlung historischer Erkenntnis
  – Moderne Geschichtsschreibung mit wissenschaftlichem Anspruch versteht sich als: „schriftliche Vermittlung historischer Erkenntnis"
    → wenn alle Punkte der Geschichtswissenschaft eingehalten werden, darf auch erzählt werden, d.h. Geschichtswissenschaft mit Erzählung

➢ Heutige Sitzung
  – Ziel: Eine Antwort auf die Frage: Inwiefern unterscheidet sich die Bedeutung, die die Historiographie als Quelle für die älteren Epochen (alte und mittelalterliche Geschichte) hat, von ihrer Bedeutung für die Neuzeit?
  – Gliederung:
    1. Die Anfänge- Historiographie in der Antike
    2. Historiographie des Mittelalters
    3. Die Historiographie der Neuzeit- das Ende der Geschichtsschreibung durch Zeitzeugen und das Postulat der Überlegenheit der Methode
  – Einteilung Historiographie:
    1. Antike (500 v.Chr.- 500 n. Chr.)
      • Herodot (480-424)
      • Thukydides (454-396)
    2. Mittelalter (500-1500)
      • Einhard (770-840)
      • Otto von Freising (1112-1158)
    3. FNZ (1500-1800)
      • Voltaire
      • Joh. Chr. Gatterer
    4. Neuere und Neuste Geschichte (1800-2014)

- Leopold v. Ranke

- ➢ Die Anfänge- Historiographie in der Antike
  Herodot
  - Herodot (ca.485-424), „Vater der Geschichtsschreibung"
  - Herodots Einleitung in sein Werk
    - Stellt sein Konzept vor
      - Es ist eine Darlegung der Erkundung (Historikos= Erkunder)
      - Warum wurden Perserkriege geführt? (Ziel: Ursache rausfinden)
        → Thema Perserkriege und nicht Götter
      - Möchte dass daran erinnert wird
  - Herodot ist der erste der ein „Konzept" von Geschichtsforschung formuliert
  - Herodot nimmt eine universalhistorische Perspektive ein weil er Helenen und
    Barbaren in den Blick nimmt
  Für die griechische Geschichtsschreibung allgemeint
  - Gilt dass sie keine professionelle Ausbildung haben
  - Verbreitung der Historiographie über Netzwerke, überregionaler Austausch von
    „Büchern", Cicero z.B. hat Schriften versandt die bekannt werden sollten

  - Überlieferungen von Herodot und Thukydides sind bis heute interessant
  - In der Renaissance (14.-16.Jh.) wurden die Historiker systematisch ediert, denn man
    wandte sich zu dieser Zeit der Antike zu

- ➢ (Antike Fortsetzung) Merkmale von Werken der Geschichtsschreibung- am Bsp. Thukydides
  - Thukydides ist Erfinder einer politischen Geschichtsschreibung
  - „große Männer" machen Geschichte
  - Es geht vor allem um Schlachten und Heere
  1. Der Autor präsentiert auf den ersten Blick vor allem „Fakten". Er schildert Ereignisse
     - Will zeigen dass er gut informiert ist
     - Man fragt sich woher er die genauen Informationen hat und ob er daran
       teilgenommen hat
     - Er hat den Oberbefehlshaber der Athener befragt
       → gehört zu den Strategien der Vertrauensgewinnung
  2. Der gesamte Text unterliegt einer Formung entsprechend der Erzählabsichten des
     Verfassers
     - Jeder Verfasser hat eine Botschaft/Absicht
     - Schreibt in der 3. Person von sich
     - Erzählabsicht: herausfinden wer die Ungarn(?) sind und wie er es
       herausfinden kann
  3. Der Autor verfolgt Strategien der Vertrauensgewinnung um den Leser zu überzeugen
     - Er berichtet an vielen Stellen dass er es selbst erlebt hat und es dem
       Erzählten gegenüber stellt
     - Verlässliche Fakten und Informanten aufzeigen um den Eindruck zu erwecken
       er sei ein verlässlicher Historiker

> (Fortsetzung Antike) Methodische Instrumente um die Absicht des Verfassers zu erkennen
1. Die Aussagen können anhand anderer Quellen überprüft werden
2. Die Aussagen lassen sich wissenschaftlich kontextualisieren
3. Die Mittel des Autors lassen sich erkennen und benennen
   →(3. Schritte um ältere Historiographie methodisch zu erschließen)
   - Als Historiker müssen wir die Aussagen anhand anderer Quellen überprüfen, die Aussagen wissenschaftlich kontextualisieren (wenn er z.b. von klimatischen Verhältnissen spricht müssen wir die Aussagen überprüfen) und die sprachlichen Mittel erkennen& benennen

> Warum ist antike Historiographie bzw. Thukydides so wichtig? Warum ist er so unverzichtbar für die alte Geschichte)
   - Wegen der universalhistorischen Perspektive ohne Schuldzuweisungen
     → Annäherung an objektive Geschichtsschreibung
   - Überliefert einen großen Teil, so viele Themen...
   - In seinen Texten finden sich viele Informationen, die es sonst nirgendwo anders gibt (weil es sonst keine anderen Quellen gibt)

> Historiographie des Mittelalters
   - Wichtige Merkmale mittelalterlicher Geschichtsschreibung (Entstehen durch Christianisierung, Bsp.: Landkarten- anders ausgerichtet→ extreme Prägung des Alltags, der Menschen und ihrer Vorstellungen)
     • (1.) Ihre institutionelle Bindung
       ▪ Geschichtswerke wurden oft Herrschern oder kirchlichen Persönlichkeiten gewidmet, dabei nicht nur Bindung zu Personen sondern auch institutionelle Bindung an ein bestimmtes Kloster oder Bistum
     • (2.) Ihre heilsgeschichtliche Ausrichtung
       ▪ Leben der Menschen nach der Bibel um Heil zu erreichen
       ▪ Bsp. Freisings Gliederung: von XX bis Geburt des Herrn usw. nicht Datum sondern Ereignisse
       ▪ Auch bei Freising Orientierung an der christlichen Heilsgeschichte
     • (3.) Die Methode der Kompilation
       ▪ Die Historiker haben herausgefunden woher mittelalterliche Autoren ihre Informationen nehmen und nannten es Kompilation
       ▪ Kompilation: Zusammenfassung bzw. Übernahmen von Inhalten/Informationen anderer Autoren und die resultierende Erstellung eines „eigenen" neuen Textes
       ▪ Freising verwendete Informationen von Frutolf und aus den fränkischen Reichsannalen
         → anderes Verständnis von Historiographie
   - Bsp.: Otto von Freising, „Chronik der Geschichte der zwei Staaten"
     • Otto v. Freising war Bischof

34

- Die Chronik wurde in der Mitte des 12. Jh. Verfasst
  - 1143-1146 erste, aber verlorene Fassung
  - 1157 auf Wunsch Friedrich Barbarossas überarbeitet und dem Kaiser überreichte Fassung, ohne Ereignisse nach 1146
  - Problem der Überlieferung: überliefert sind 50 Handschriften in 3Klassen
    →wir haben nicht den Originaltext von Freising
    → wir haben die Widmungsfassung, die er Barbarossa gewidmet hat
- Handschriftenstemma
  - Es gibt 3 Handschriftenklassen: A, B, C die von einer ursprünglichen Fassung X, die wir nicht haben abhängig sind
  - Herr A, C und B haben den Originaltext abgeschrieben und daraus entstanden verschiedene Fassungen (durch z.b. Übersetzungsfehler oder gewollte Umdeutung) aus denen sich wiederum verschiedenen Fassungen entwickelt haben
- Widmungsfassung
  - Freising benennt den Grund warum er schreibt
    → Auftrag vom König (es handelt sich um eine Auftragsarbeit)
    →Auftragsarbeite sind im Mittelalter die Regel, meistens ist das Widmungsschreiben nicht überliefert oder fehlt

➢ Historiographie der Neuzeit- das Ende der Geschichtsschreibung durch Zeitzeugen und das Postulat der Überlegenheit der Methode
  - Johann Christoph Gatterer (1727-1799)
    - Einer der ersten Professoren für Geschichte und Historische Hilfswissenschaften (an der Universität Göttingen)
    - Vertritt den Standpunkt dass Geschichtsschreibung nur auf alten Chroniken und dem Zusammenfügen dieser beruht
    - Ranke und Gatterer behaupten dass Zeitzeugen und Heilsgeschichte nicht maßgeblich sind
    - Nimmt sich Livius (römischen Geschichtsschreiber) vor und macht eine kritische Abhandlung über dessen Geschichtsschreibung: „Abhandlung vom Standort und Gesichtspunkt des Geschichtsschreibers oder der teutsche Livius"
      → man muss die Perspektive eines Historikers auf den Sachverhalt den er schildert kritisch sehen (=1. Schritt zu einer kritischen Analyse von Geschichtsschreibung)
      → Ranke macht das gleiche
  - Leopold von Ranke
    - 1834 ordentlicher Professor für Geschichte an der Universität Berlin
    - „Zur Kritik neuerer Geschichtsschreiber", 1824
    - Kritik der Traditionsquellen und Hinwendung zu Überrestquellen

➢ Inwiefern unterscheidet sich die Bedeutung, die die Historiographie als Quelle für die älteren Epochen (Alte Geschichte& Mittelalter) hat, von ihrer Bedeutung für die Neuzeit?

- Antike und Mittelalter: unverzichtbar als Informationsquelle (Ereignisse, Erklärungen, Zusammenhänge)
- Neuzeit: Als Informationsquelle für Ereignisse nicht mehr nötig. Jetzt: Überreste, Historiographien nur noch interessant wegen der Sichtweise

10.07	10. Ton und Film

➢ Wiederholung/ Zusammenfassung
- Historiographie
- Inwiefern unterscheidet sich die Bedeutung, die die Historiographie als Quellen für die älteren Epochen hat, von ihrer Bedeutung für die Neuzeit? *Unterschiedliche Funktion*
  - Antike und Mittelalter: unverzichtbar als Informationsquelle (Ereignisse, Erklärungen, Zusammenhänge)
    → wir wüssten ohne Historiographie nichts über bestimmte Ereignisse usw.
  - Neuzeit: Als Informationsquelle für Ereignisse nicht mehr nötig
    - Wir sind von den Absichten der Historiographen unabhängig(er)→ Vorteil, weil wir die Historiographie nicht mehr dekodieren müssen
    - Seit etwa 1500 haben wir genügend andere Quellen: Überreste:
      →Akten
      →gedruckte Schriften
      →Selbstzeugnisse: Briefe, Memoiren, Tagebücher (bei Selbstzeugnissen gibt es immer die Frage der Intention)
    - Seit dem 19. Jh. Verfügen wir über Methoden des Umgang mit Überresten
      → Geschichtsschreibung von Zeitgenossen des 15. bis 18. Jh. Ist (nur noch) wichtig für deren spezifische Sichtweise kennen zu lernen

Ton&Film
➢ Gliederung
1. Welche Arten von Ton- und Filmquellen haben wir?
2. Allgemeine Voraussetzungen, Probleme und Forschungspositionen
3. Warum lohnt es sich, Ton- und Filmquellen zu benutzen? (Quellenwert)
4. Mit welchen Problemen haben wir zu rechnen? (Quellenkritik)
5. Bsp.: Posener Rede Heinrich Himmlers, 4. Okt. 1943 als schriftliches und Tondokument
6. Ergebnis

➢ Frage dabei (soll im Vorfeld geklärt werden): Sind Filme/Tondokumente Überreste oder Tradition? Was würde Droysen sagen?
- Droysen: hat Methoden ausdifferenziert, hat scharf zwischen Überrest und Tradition unterschieden
- Es sind Überreste, weil es gemacht wurde um die damaligen Menschen zu informieren

➢ (1.) Welche Arten von Ton- und Filmquellen haben wir?
- Wochenschauen

- Quellen, wie ein bestimmtes Ereignis/ Zusammenhänge der Öffentlichkeit vermittelt wurde
- Gab es in den 60er Jahren im Kino, statt Werbung
  - Reden
    - Auskünfte über bestimmte zeitgenössische Perspektiven
  - Dokumentarfilme
    - Filmische Aufnahme, die ein nicht inszeniertes Ereignis darstellt
  - Historische Spielfilme (z.B. Darstellung Napoleons)
  - Spielfilme
    - Faszination für historische Stoffe, wenden sich zeitlich rückwärts und zeigen historische Ereignisse, wichtig für zeitgenössische Mentalitäten
- ➢ (2.) Allgemeine Voraussetzungen, Probleme und Forschungspositionen
  - Zugangs- und Benutzungsbedingungen/ technische Apparate
  - Missbrauch von Ton und Film in der NS Zeit- deutsche Skepsis gegenüber dem Medium als Quelle
    - Sollte als Chance angesehen werden um etwas über Diktaturen zu erfahren
  - Film und Ton- „das sind keine seriösen Quellen"
    - Seriöse Quelle (nur) für das 20. Jh.
  - Trotz IWF (Institut für den wissenschaftlichen Film) haben wir keine historisch-filmische Quellenkritik
    - Einziges Institut in DE
  - Seit den 1960er Jahren ernsthafte Wideraufnahme von Forschungsansätzen der später 40er und 50er Jahre (Treue, Hubatsch, Schramm)
  - These: für Film und Ton gilt quellenkritisch dasselbe wie für alle anderen Quellen
    - Man braucht den historischen Kontext in dem sie entstehen
    - Man sollte wissen wer der Adressat ist
    - Wie sind die Entstehungsbedingungen? Gibt es einen Auftraggeber?

➢ Wiederholung: Systematische Gesichtspunkte zum Umgang mit Quellen
  - Definition: „Quellen sind alle Texte, Gegenstände oder Tatsachen (und Filme und Tondokumente: von Fr. Roll ergänzt), aus denen Kenntnis der Vergangenheit gewonnen werden kann"

➢ (3.) Warum lohnt es sich Ton- und Filmquellen zu benutzen? (Quellenwert)
  - Film, Ton, Inszenierung und Öffentlichkeit sind zentrale Bestandteile der Existenz und des Erscheinungsbildes totalitär geprägter Staaten
    - Wichtige Quelle wenn man keinen Zugriff auf andere hat
    - Z.B. veröffentlichte Quellen mit denen man auf das Selbstverständnis von Diktaturen schließen sowie Feindbilder, Inszenierung...
  - Beschränkung auf Akten, Presseorgane und Memoiren greift zu kurz
    → die mediale Inszenierung wird damit nicht erfasst
  - Historische Atmosphäre, Mentalitäten und Milieuschilderung sind in anderen Quellen kaum so zu greifen

- Jeder Film transportiert Elemente von Zeitgeist, Geschichtsbewusstsein und kollektivem Empfinden

- ➤ (4.) Mit welchen Problemen ist zu rechnen? Was ist zu beachten? (Quellenkritik)
  - Visualität und Akustik- „Miterleben" vs. Analytische Distanz
    - Man lässt sich so von Ton& Film packen dass man keine analytische Distanz hat
    - Das Miterleben sollte uns nicht davon abhalten eine analytische Distanz einzunehmen
  - Kameraperspektive vs. „Abbild der Realität"
    - Es kann eine spezifische Perspektive auf bestimmte Sachverhalte eingenommen werden und das kann dazu führen dass andere ausgeschlossen werden
  - Überhaupt: Kenntnis der Gesetzmäßigkeiten der „filmischen Welt"
    - Musik, Montage, Ausschnitte etc.
    - Imagologie
      - Die Lehre davon, wie in einer bestimmten Zeit jemand präsentiert wird
      - Z.B. wie der Bundeskanzler heute präsentiert wird und wie er es früher wurde
      - Untersucht das „Bild vom anderen Land", was nicht nur Kenntnisse fremder Kulturen, Sprachen und Mentalitäten voraussetzt, sondern vor allem auch eine intensive Beschäftigung mit den Werten und Ansichten der eigenen Kultur verlangt
    - Erwartungen/ kollektive Empfindungen
    - Verhältnis Produzent- Zuschauer
    →Historische und quellenmäßige Kontextualisierung unverzichtbar!

- ➤ (5.) Beispiel: Posener Rede Heinrich Himmlers, 4. Oktober 1943, als schriftliches und Tondokument
  - „Mehrwert des Hörens":
    - Keine gute Rede
      - Entspricht einer gewöhnlichen Unterhaltung
      - Keine besonderen rhetorischen Mittel
      - Nicht so euphorisch wie gedacht, kollegiale Rede
    - Kleiner Kreis in dem die Rede gehalten wurde
    - Rede sollte bereits verübte Verbrechen rechtfertigen und die Hörer auf deren „höheren Zweck" einschwören
    - Appelliert an die Spezialeinheit

- ➤ (6.) Ergebnisse
  - Tondokumente, Spielfilme und Wochenschauen sind Quellen für mehrere geschichtswissenschaftliche Fragestellungen:
    1. Propagandaforschung (Absichts- und Tendenzanalyse der Produzenten/ Auftraggeber)

2. „Zeitgeist", Geschichtsbewusstsein, Mentalität
3. Als Überrest-Quellen: Dokument einer „sichtbaren Wirklichkeit"

➢ Frage vom Anfang: Sind Filme und Tondokumente Überreste oder Tradition? Was würde Droysen sagen?
  – Überrest und Tradition, hängt von der Fragestellung ab

17.10.14	11. Zusammenfassung& Wiederholung

➢ Historik- die Wissenschaft von den Grundlagen unseres Faches
  – Wichtige Teilbereiche der Historik:
    • Methodik
    • Quellenkunde
    • Textkritik
      ▪ Die Auseinandersetzung mit der Frage: Ist das der Text der verfasst worden ist bzw. der authentische Text, an dem nichts verändert wurde?
    • Heuristik
      ▪ Analytisches Vorgehen, bei dem mit begrenztem Wissen Aussagen über einen Sachverhalt getroffen werden
        → brauchen wir in jedem Fach, weil wir nur begrenztes Wissen haben und Aussagen treffen müssen
        → Indizienprozesse in der Geschichte: wir treffen Aussagen mit unterschiedlicher Sicherheit/Wahrscheinlichkeit (man kann es nie endgültig beweisen)
      ▪ Von wichtiger Bedeutung für unser Fach
      ▪ Beispiele:
        →Schlussfolgerungen
        →Mutmaßungen
        → Plausibilitäten
        „…es spricht alles dafür, dass…"
        „…so ist zu vermuten, dass…"
        „…es gibt Hinweise darauf, dass…"
        „…natürlich ist nicht auszuschließen, dass…aber, die Hinweise sind nicht gut belegt."
        „…es gibt keine Hinweise darauf, dass…"
    • Hermeneutik
      ▪ Die Lehre vom Auslegen und Verstehen eines Textes- klassische Hermeneutik (Theologie, Philosophie, Philologie)
      ▪ Die Lehre von den Voraussetzungen und Methoden sachgerechter Interpretation- historische Hermeneutik
        → Was ist zu tun um die Texte richtig zu verstehen?
      ▪ Probleme und Aufgaben: Was ist zu tun um den Text zu verstehen?
      ▪ Historische Hermeneutik: sich in die Zeit-die Person versetzen

- Verstehensprozess als Spirale- Annahme und empirischer Befund schärfen sich aneinander und in Wechselwirkung miteinander
  → es gibt eine Annahme, die mit den empirischen Befunden verglichen wird
  → Annahme wird angepasst und es wird nochmal in die empirischen Befunde geschaut
  ….usw.
      → es wird immer zutreffender
      → durch gute empirische Arbeit wird auch die Heuristik besser
- Unterschied Textkritik/ Hermeneutik
  - Hermeneutik: weit gefasst
  - Textkritik: eng gefasst

➤ Historiographie
  - Was ist Historiographie?
    - Def.: „(zumeist) schriftliche Vermittlung historischen Geschehens"
  - Seit wann gibt es Historiographie?
    - Seit Menschen aufzeichnen
  - Wodurch unterscheidet sich Geschichtswissenschaft von Geschichtsschreibung?/ 5 Elemente von Geschichtswissenschaft
    - Nachprüfbarkeit
    - Reflexion über die eigenen Methoden
      → Offenlegung dieser Methoden gehört dazu
    - Systematisches Vorgehen
    - Empirische Studien statt Spekulation
      → Spekulation findet man in der Heuristik und Hermeneutik
      → Spekulationen werden als Annahmen formuliert
      → Spekulation wird durch Reflexion, systematisches Vorgehen und Nachprüfbarkeit ersetzt
    - Erkenntnissinteresse/ Fragestellung statt Aufzählung von Daten, Zahlen, Fakten
  - Moderne Geschichtsschreibung mit wissenschaftlichen Anspruch (= Geschichtswissenschaft) versteht sich als: „schriftliche Vermittlung historischer Erkenntnis"
    → nicht eine Frage beantworten, sondern den Kontext erklären

➤ Systematische Gesichtspunkte zum Umgang mit Quellen
  - „Quelle sind alle Texte, Gegenstände oder Tatsachen aus denen Kenntnis der Vergangenheit gewonnen werden kann"
  - Je nach Fragestellung kann jede Überlieferung und jedes Zeugnis zur Quelle werden
  - Quellen sind nicht dazu geschaffen worden unsere Fragen zu beantworten
  - Zur „Quelle" wird ein Zeugnis (erst) durch seine Funktion in der Geschichtswissenschaft
    → deshalb…

- Verlangen neue Fragen die Einbeziehung bislang wenig beachteter Quellen(arten)
- Fragen wir nach Quellenwert (Erkenntniswert) und Quellenkritik
- Ist die Ordnung von Quellen nach Gesichtspunkten nötig
  → das Ordnen ist nötig um quellenkritisch keine Fehler zu machen
- Man muss die ursprüngliche Bestimmung und Absicht der Quelle kennen
  - Man muss die Quelle kontextualisieren und einordnen
    - In die historische Situation
    - In die Quellengattung oder –art
      → dazu werden W-Fragen verwendet
- Man braucht immer eine Fragestellung deswegen sind Historiker wichtig
  → der einzelne Mensch mit seinen Interessen/Erkenntnissen ist wichtig (geht zurück auf Decarte: ich denke, also bin ich)

➢ W- Fragen für die Quellenkritik
- (Quellenkritik: Auseinandersetzung mit dem Text bevor er bearbeitet werden kann, dafür wichtig sind Urdaten und dazu dient die Einordnung in Akten, Briefe…-damit man die ursprüngliche Absicht kennt)
  - Wer hat die Quelle produziert?
  - Was für eine Quellenart liegt vor?
  - Wie ist die Quelle überliefert?
  - Wo wurde sie verfasst?
  - An wen richtet sie sich?
  - Warum wurde sie verfasst?

➢ Urkunden& Briefe
- Urkunden
  - Formalisiert, das Erkennen der Form ist Voraussetzung für die Interpretation
  - Rechtsgeschäft (Aussteller, Empfänger, Datum)
  - Unterscheidung von Recht setzenden und Beweisurkunden (v.a. in der Quellenkritik)
  - Ältere Epochen: wichtige Quelle für die politische, Rechts-, Sozial- und Wirtschaftsgeschichte (zahlreiche Recht setzende Urkunden)
  - Zeitgeschichte: Urkunden v.a. als private Beweisurkunden wichtig (Abizeugnis etc.), Bedeutung als Quelle eher gering
  - Wissenschaft der Urkundenlehre: Diplomatik
- Briefe
  - Für alle Epochen wichtige Quelle, unterschiedlich überliefert
  - Funktion von Briefen in den verschiedenen Epochen unterschiedlich
  - Seit Beginn des 20. Jh. Massenquelle

➢ Akten
- Akte (Dossier, file) von „acta", das Geschehene, eigentlich „die Geschehnisse"
- Das Wort Akte kann ein einzelnes Schriftstück bezeichnen und es kann eine Sammlung von Schriftstücken meinen, die geordnet aufbewahrt werden

- Substantiell: Aufbewahrung und Archivierung
- Gibt es nur, wenn und wo es einen Geschäftsgang gibt (Verwaltung, Regierung)
- Aufbewahrung der Akten hängt davon ab ob der Herrscher einen festen Sitz hatte, denn Akten gibt es nur wo es einen Geschäftsgang gibt
- Beginn systematischer Archivierung (nur dann haben die Zeitgenossen einen Nutzen): an der Kurie seit etwa 1200, überall seit 1500
- Hoch-Zeit als historische Quelle: Frühe Neuzeit
- These: „eine Akte wird dadurch zu einer Akte, dass sie mit weiteren Akten eine Akte bildet"

➢ Quellenarten...
- Antike: Münzen, Inschriften (in Stein, auf Münzen)
  - Wenig Text
    → Schwere Kontextualisierung
  - Hauptaufgabe wenn man mit Inschriften arbeitet: Text herstellen
    → Epigraphik (Wissenschaft von den Inschriften)
  - Gegenstände wie Gebäude und Tempel sind wichtig
  - Die Archäologie ist als Zusatzwissenschaft wichtig
  - Funde sind wichtig, da es wenig Quellen für diese Zeit gibt
  - Die Historiographie ist wichtig bei der Kontextualisierung von z.B. Münzen
  - Problem bei Texten: Ist er authentisch oder abgeschrieben und verändert?
- Mittelalter
  - Archäologie ist wichtig, durch Fund von z.B. Geschirr können Essgewohnheiten rekonstruiert werden
  - Wichtige Quellen für das Mittelalter sind Chroniken, Urkunden und Akten
  - Problem bei Texten: Ist er authentisch oder abgeschrieben und verändert?
- Frühe Neuzeit
  - Akten
  - 1. Medienrevolution: Buchdruck, Bücher
    → Verbreitung
      → Sicherung der Authentizität (aufgrund Verbreitung muss der Text nicht abgeschrieben werden, höhere Wahrscheinlichkeit dass er nicht verändert wurde)
  - Medienrevolution: Erfindung des Computers
- Neuere& Neuste Geschichte
  - Film& Ton
  - Zeitzeugen (oral history)
  - Tageszeitungen (seit 18. Jh./ Aufklärung, in London), handgeschriebene Zeitungen gab es auch im Mittelalter
  - Flugschriften (mit Erfindung des Drucks, zuerst Flugschriften)
  - Später (2. Hälfte des 19. Jh.): Nachrichtenagenturen und drahtlose Vermittlung von Nachrichten

➢ Frage: Sind Film- und Tondokumente Überreste oder Tradition?

- Überreste, weil sie nicht absichtlich für die Zukunft gemacht worden sind
- Aber es hängt von der Fragestellung ab

➢ Letze Woche: Warum lohnt es sich Ton- und Filmquellen zu benutzen? (Quellenwert)

➢ Bsp. Für die Frage: Was müssen Geschichtswissenschaftler/innen tun um diese Quelle zum Sprechen zu bringen?
   1. Lesen können (→Paläographie)
   2. Quellenkritisch einordnen (=Quellenkritik)
      - Äußere Quellenkritik
         • Quellenart?
         • Überlieferung?
         • Verfasser?
         • Ort? Wo verfasst?
         • An wen gerichtet?
      - Innere Quellenkritik
         • Was ist der Inhalt?
         • Warum wurde sie verfasst?
   3. Fragestellung: historische Kontextualisierung

➢ Beispiel: Brief
2. Quellenkritik
      a) Äußere Quellenkritik
         - Überlieferung: im Original handschriftlich überliefert
         - Verfasser: kaiserlicher Gesandte
         - Als Konzept
         - An den Kaiser
         - Ort: St. Petersburg
      b) Innere Quellenkritik
         - Warum verfasst? Mitteilung ← *Hermeneutik*
         - Inhalt: Krönung, Russland ist nun eine Großmacht

3. Fragestellung
      c) Wie müsste die Fragestellung sein damit mir die Quelle hilft?
         - Z.B. handschriftliche Entwicklung oder Frage zur Briefkultur
         - Informationen über St. Petersburg zu einer bestimmten Zeit
         - Auseinandersetzung mit der Fragestellung: *Heuristik*
      d) Wo greifen Hermeneutik und Heuristik, in diesem Prozess?
         - Heuristik: findet bei der Auseinandersetzung mit der Fragestellung statt
         - Hermeneutik: (richtiges Verstehen der Quelle) Kunst der Auslegung, greift/findet statt bei der Frage warum die Quelle verfasst wurde

➢ Bsp.: Posener Rede
2. Quellenkritik

a) äußere Quellenkritik
- Quellenart: Rede
- Überlieferung: Audiodatei im Original, Text im Druck aber nicht in einer kritischen Edition die kommentiert wie sie an den Text gekommen ist d.h.: ohne kritische Kommentierung
- Verfasser: Himmler
- Ort: Posen
- Wann: Oktober 1943
- An wen gerichtet: SS-Kameraden, nicht Öffentlichkeit

b) innere Quellenkritik

- Inhalt: Fortsetzung der Judenvernichtung
- Warum: Motivation

3. Fragestellung

- Motivation der SS
- Kommunikation unter Kameraden
- Geschichte der Judenvernichtung
- Biographie Himmler
- Position der SS